기획 유현준

홍익대학교 건축도시대학 교수 및 유현준앤파트너스 대표 건축가, 미국 건축사입니다. 하버드 대학교, MIT, 연세대학교에서 건축 공부를 했습니다. 하버드 대학교를 우등으로 졸업 후 세계적인 건축가 리처 마이어 사무소에서 실무를 했습니다.
건축으로 세상을 조망하고 사유하는 인문 건축가로서, 건축가는 사회의 복잡한 관계를 정리해 주는 사람이라고 생각하며, 잘 어우러질 수 있는 화목한 건축으로 관계와 사회를 바꿔 나가고 있습니다. 또한 여러 매체에 글을 연재하면서 방송 출연 및 유튜브 〈셜록 현준〉을 통해 공간과 건축 이야기를 쉽게 전하고 있습니다.

글 강지혜

재미없는 글을 쓸 바엔 키보드를 만지지 않겠다는 마음으로 어린이 책을 쓰고 있습니다.
쓴 책으로는 『오 마이 갓! 어쩌다 사춘기』 시리즈, 『반려식물 키우기』, 『게임 회사에서는 하루 종일 게임만 할까?』, 『망원경은 타임머신이야』, 『요즘 어린이 맞춤법』, 『티라노의 열두 달 채소 먹기』, 『봄 스테이』 등이 있습니다.

그림 불곰

청강문화산업대학교에서 만화 창작을 전공했고, 웹툰 플랫폼 리디북스에서 〈아삭아삭 테이블〉을 연재했습니다. 현재는 동화 삽화 및 일러스트 작업을 주로 하고 있으며, 앞으로 따뜻한 그림을 그리는 작가로 기억되면 좋겠습니다.

창의력을 키우는 어린이 건축 동화

기획 유현준 | 글 강지혜 | 그림 불곰

 **기획자의 글**

세상을 연결하는 힘, 건축에서 시작됩니다.

우리는 어릴 때부터 국어, 영어, 수학, 과학, 사회, 음악, 미술 등 다양한 과목을 배우며 성장합니다. 학교에서는 지식을 과목들로 나눠서 가르치고, 우리는 각기 다른 분야의 지식을 쌓으며 세상을 이해하려 노력하죠. 하지만 이렇게 나뉘어 있는 지식들을 하나로 엮어 생각하는 '통합적 사고력'은 잘 가르쳐 주지 않습니다. 결국 우리는 많은 것을 배우고도 그것들을 유기적으로 연결하여 새로운 생각을 만들어 내는 데에 서툴 수밖에 없습니다.

아는 건 많은데, 왜 생각은 막힐까?

이러한 문제의 원인은 무엇일까요? 그것은 우리가 배우는 수많은 지식들 사이를 잇는 구심점이 없기 때문입니다. 국어 시간에 배운 시를 수학의 원리와 연결해 본 적이 있나요? 역사 속 인물의 삶을 물리 법칙과 결합해 상상해 본 경험이 있나요? 대부분은 그렇지 않을 것입니다. 우리는 여전히 '과목'이라는 틀 안에 갇혀, 각각의 분야를 따로따로 이해하는 데 익숙합니다. 하지만 세상은 그렇게 나뉘어 있지 않습니다. 실제 사회는 훨씬 더 복잡하고, 모든 것이 유기적으로 얽혀 있는 거대한 네트워크입니다.

그렇다면 서로 다른 지식들을 연결하는 구심점은 무엇이 되어야 할까요? 그 해답 중 하나가 바로 '건축'입니다. 건축은 단순히 집을 짓는 일이 아닙니다. 건축은 인간이 살아가는 공간을 설계하고, 그 안에서 삶이 펼쳐지도록 만드는 종합적인 작업입니다. 하나의 건축물이 완성되기 위해서는 과학, 기술, 예술, 경제, 역사, 심리학 등 수많은 분야가 유기적으로 연결되어야 하기 때문입니다. 건축가는 사람들의 동선과 삶의 방식, 자연환경, 주변 도시와의 관계, 재료의 물리적 특성, 그리고 그 공간에서 일어날 문화적 경험까지 생각합니다.

『유현준의 세계 건축 대모험』은 건축이라는 렌즈를 통해 세상을 새롭게 들여다보는 여정을 담고 있습니다. 이 여정은 단순히 벽돌과 철근으로 구성된 건물을 설명하는 것이 아니라, 그 속에 담긴 역사와 기술, 예술과 사회의 의미를 풀어내는 여행이 될 것입니다. 각 도시의 건물들과 공간들이 왜 그렇게 만들어졌는지, 그 안에 어떤 사람들의 이야기가 숨어 있는지, 건축을 통해 어떻게 우리의 삶이 바뀌고 있는지를 흥미롭고 쉽게 설명합니다.

건축으로 여는 창의적, 통합적 사고의 문

특히 어린이와 청소년 독자들에게 이 책은 새로운 눈을 열어 줄 것입니다. 이 책은 교과서에서 단절된 채로 배우는 지식들을, 실제 도시와 건축 속에서 어떻게 연결하고 응용할 수 있는지를 보여 줍니다. 수학이 건축 구조에 어떻게 쓰이는지, 과학이 건물의 안전과 에너지 효율을 어떻게 책임지는지, 미술이 건축물의 아름다움을 어떻게 표현하는지를 직접 체험하듯 알게 될 것입니다. 이를 통해 독자들은 점점 더 복잡해지는 세상 속에서 창의적으로 사고하고, 여러 분야를 통합해 문제를 해결하는 능력을 키워 나갈 수 있을 것입니다.

『유현준의 세계 건축 대모험』은 단지 건축을 배우는 책이 아닙니다. 이 책은 세상을 바라보는 새로운 시선을 선물하고, 우리의 머릿속에 흩어져 있던 지식들을 하나로 연결하는 지도와도 같은 책입니다. 책장을 넘길 때마다 여러분은 마치 도시 위를 걸으며 공간의 속삭임을 듣고, 건물과 대화하는 듯한 신선한 경험을 하게 될 것입니다.

이제 모험을 시작해 볼까요? 건축이라는 창을 통해 세상을 탐구하고, 생각의 판을 넓히는 이 여정이 여러분에게 새로운 영감을 안겨 주길 바랍니다. 흥미로운 건축 이야기 속으로 함께 떠나 봅시다. 건축은 곧 세상의 이야기니까요.

건축가 **유현준**

 **차례**

저자 소개   2
기획자의 글   4
등장인물 소개   8

1 집사야, 우리 평생 가자!   10
     캣마블 후계자 양성소   산업 혁명과 철의 시대   26

2 철의 마법사와 에펠탑   28
     캣마블 후계자 양성소   에펠탑을 반대하는 목소리   46

3 광대 출신 리벳공, 폴   48
     캣마블 후계자 양성소   철의 마법사, 에펠   64

4 세상에서 가장 높고 가벼운 탑 　　　　　　66
　　캣마블 후계자 양성소　유럽 건축과 에펠탑　　82

5 세계 박람회가 열리다!　　　　　　　　　84
　　캣마블 후계자 양성소　기술과 건축의 축제, 세계 박람회　106

6 아무나 들어갈 수 없는 방　　　　　　　108
　　캣마블 후계자 양성소　에펠탑이 철거될 뻔했다고?　132

에필로그: 드디어 만나다!　　134
부록　　140
　　캣마블 레벨 업!
　　캣마블 투어 가이드북
　　현준의 탐험 일기

등장인물 소개

현준 대한민국 대표 건축가

뛰어난 집중력과 분석력의 소유자.
전 세계의 건축물, 특히 랜드마크를 사랑한다.
갑자기 랜드마블 게임에 참여해 당황하지만,
이내 게임을 즐긴다. 게임이 시작되면 건축가
유현준의 지식과 기억을 갖고 겉모습만
아이의 모습으로 바뀌는 것이 특징!

아키 캣마블의 리더 후계자

캣마블 후계자에는 관심 없는 불량 고양이.
하루 종일 잠자는 게 취미다. 리더이자 엄마인 호야의
꼬임에 넘어가 얼떨결에 랜드마블 게임을 시작한다.
집사 현준이 미덥지 않지만 의지할 것은 현준뿐이다.

캣마블 리더 호야와 요원들

인류와 오랜 역사를 함께하며 랜드마크를
보호해 온 고양이 비밀 집단. 고대의 신비로운
게임 랜드마블을 만들었다. 캣마블의 리더이자
아키의 엄마인 호야는 아키를 후계자로
양성하기 위해 랜드마블 게임에 참여시킨다.

루나 — 비밀이 많은 프랑스 소녀

19세기 파리에 사는 소녀. 파란 눈동자를 빛내며 당차게 행동하지만, 어디까지 믿어야 할지 알 수 없는 구석이 있다. 루나는 아키와 현준의 모험을 돕는 친구일까, 아니면 또 다른 시련일까?

보르봉봉수아 2세 백작 — 거만한 프랑스 귀족 유령

머리 좋은 사람을 재우고 남은 사람에게 퀴즈를 낸다.

에펠의 램프 — 게임의 진행을 도와주는 안내자

도움을 주는 것 같긴 한데, 어딘가 허술하다.

귀스타브 에펠 — 철의 마법사

에펠탑 건설을 추진한 프랑스의 건축가.

폴 — 에펠탑의 리벳공

에펠탑 공사에 참여한 리벳공이자, 루나의 오빠. 에펠과 함께 일하는 것을 자랑스러워한다.

현준의 부름에 나가 보니, 현준이 식탁에 자신이 먹을 음식과 아키가 먹을 음식을 차리고 있었다. 아키는 싱글벙글 웃으며 냉큼 현준과 마주 앉아 식사를 시작했다.

"냥냥! 맛있다!"

아키는 마치 오랫동안 지내 온 것처럼 현준의 집이 편안하기만 했다.

한편, 현준은 고민이 깊었다. 귀여운 아키를 보고 있으면 스트레스가 사르르 녹았다. 하지만 물건 욕심이 너무 많은 아키 때문에 매일 현준의 집 앞에 온갖 고양이 용품과 간식 택배가 쌓이고 있었다.

밥을 다 먹고 휴대폰을 찾으러 침실로 들어온 현준은 조금 전에 아키가 주문한 내역을 바로 확인했다.

"이 녀석, 츄르를 또 얼마나 산 거야? 얼른 취소해야지."

현준이 얼른 주문을 취소하고 거실로 다시 나가자, 아키는 어느새 고롱고롱 소리를 내며 잠들어 있었다.

쿠푸의 대 피라미드가 지어지는 순간으로 가서 그 광경을 직접 본 것은 건축가인 현준에게 정말 특별한 경험이었다.

현준은 그날 게임을 끝내고 집으로 돌아와서 아키에게 이것저것 물었지만, 새로 알게 된 것은 별로 없었다.

현준은 그날의 대화를 떠올리며 고개를 절레절레 저었다. 그렇게 해서 어떻게 캣마블의 차기 리더가 되겠다는 건지. 그때, 초인종이 울렸다.

아키가 상자에서 게임판을 꺼내자, 옆에 있던 현준이 깜짝 놀랐다. 현준은 아키가 꺼내 든 게임판을 얼른 낚아채 살펴보았고, 아키는 상자 안에서 쪽지 하나를 꺼냈다.

이게 왜 또 왔지?

여기 무슨 쪽지도 있는데?

> 아키, 보아라.
> 인간 집사와 좋은 날을 보내고 있는 것 같구나.
> 하지만 너는 캣마블의 차기 리더가 될 몸.
> 다음 랜드마블 게임을 준비해라.
> 지금 당장!
>
> 이건 네 엄마로서가 아니라
> 캣마블의 리더로서 내리는 명령이다.
>
> – 너의 엄마이자 캣마블의 리더로부터 –

쪽지를 읽은 아키와 현준의 얼굴이 하얗게 질렸다. 특히 게임에 대해 완전히 잊고 있던 아키는 뒤통수를 맞은 기분이었다.

"랜드마블 게임을 또 하라고? 그 고생을 또 어떻게 해!"

현준도 놀란 건 마찬가지였다. 아직 게임에 대해 제대로 아는 게 없는데, 얼렁뚱땅 게임을 시작했다가 이번에는 집으로 못 돌아올지도 모른다는 걱정이 들었다.

우선 너희 엄마를 만나서…

게임에 대해 물어보고….

현준의 말대로 지금 츄르가 중요한 것은 아니었다. 랜드마블 게임을 어떻게 준비할지 생각해야 했다. 아키는 이집트에서 현준, 다리아와 함께 보낸 시간이 즐거웠지만, 그 고생을 다시 하고 싶지는 않았다.
현준은 게임판을 이리저리 살폈다.
"이번에 지켜야 하는 랜드마크는 뭘까? 미리 알면 좋을 텐데."
그 말에 아키가 상자를 뒤집어 보았다.

다시 아이의 모습이 된 현준이 한숨을 푹 쉬었다. 현준은 자신의 다리에 찰싹 붙어 있는 아키를 내려다보았다.

"집사, 여기 어디야? 얼른 알아내 봐."

현준은 더 이상 화를 참을 수가 없었다.

도대체 내가 어쩌다가 아키의 집사가 된 걸까?

늘어지게 잠을 자거나 흥청망청 쇼핑만 좋아하는 아키를 데리고 또 게임을 해야 한다니, 현준은 눈앞이 캄캄했다.

아키는 너무 섭섭해서 눈물이 찔끔 났다. 아키는 현준과 함께 하는 시간이 행복했고, 당연히 현준도 같은 마음일 줄 알았다.

현준은 눈물이 그렁그렁한 아키를 보고 잠시 당황했다.

조금 심했나 싶어 사과를 하려는 순간, 주변의 시선이 느껴졌다.

현준과 아키는 낯선 거리의 풍경을 눈에 담았다. 현준은 건축 양식과 가스로 밝힌 가로등을 보며 이곳이 어딘지, 그리고 어느 시대인지 가늠해 보았다.

"사람들의 생김새나 복장을 보아하니 아무래도 여기는 19세기 유럽 같아."

그런데 아키가 현준의 말을 듣는 둥 마는 둥 코를 킁킁댔다.

현준이 한마디를 하려는 순간, 아키가 냄새를 맡던 쪽을 가리키며 말했다.

"저쪽에서 물 냄새가 나. 강이 있을지도 몰라!"

아키의 말에 현준의 눈이 번쩍 뜨였다.

"강 주변을 보면 여기가 어딘지 확실히 알 수 있을 거야."

곧이어 아키는 물 냄새가 강하게 나는 쪽으로 향했다. 그렇게 몇 분쯤 걸었을까? 아키의 말대로 강이 모습을 드러냈다. 둘은 강을 가로지르는 다리 위로 걸음을 옮겼다.

다리 위에서 강을 내려다보며 아키가 물었다.
"그래서 이 강을 보고 여기가 어딘지 확실히 알겠어?"
현준이 씩 웃으며 답했다.
"그럼! 비록 몸은 어린아이의 모습이지만, 머릿속은 건축가 유현준, 그대로라고. 우선 유럽에서 도시 중심을 통과하면서 이 정도 너비가 되는 강은 많지 않아."

아키는 이제 알겠다는 듯 손뼉을 쳤다.
그런데 강을 내려다보던 현준이 갑자기 아키를 휙 쳐다보았다.
"자! 그러면 여기서 퀴즈!"

둘은 누군가 지켜보고 있는 줄도 모르고 티격태격했다.
어찌 되었든 현준은 에펠탑 공사를 지켜볼 수 있겠다는 생각에 설레기 시작했다.
"이번에는 에펠탑을 설계한 에펠도 만날 수 있겠어!"
"아, 에펠탑을 지은 게 에펠이라는 사람이구나?"

그런데 그때, 갑자기 불어온 바람 때문에 다리 위를 밝히고 있던 가로등의 불빛들이 휘리릭 꺼졌다.

주변은 순식간에 어둠에 휩싸였고, 아키와 현준은 서로에게 바짝 붙었다.

"집사, 우리 꼭 붙어 있자……."

"그래. 그런데 왠지 불길하지 않니?"

갑자기 들려온 발소리에 아키와 현준이 허둥대기 시작했다. 달빛도 없어서 어두운 데다가 안개까지 낀 날씨였다. 현준과 아키는 서로의 손을 꼭 붙잡고 들리는 소리에 집중했다.

점점 가까워지는 발소리와 멀어지기 위해 뒷걸음치다 보니, 어느새 아키와 현준은 다리의 중간에 서 있었다.
그런데 이제는 발소리와 함께 목소리도 작게 들리기 시작했다.
"에펠탑을…… 에펠을……."
아키와 현준은 너무 무서워서 울먹일 지경이었다.

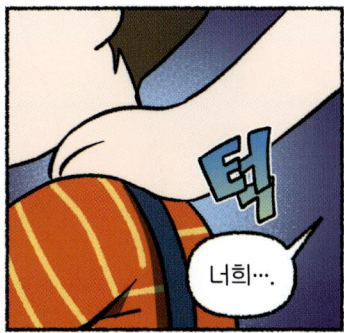

산업 혁명과 철의 시대

오늘의 비밀 수업

"산업 혁명은 많은 것들을 바꿨어."

"기술이 발전한 만큼 바뀌는 게 많았겠지?"

캣마블 비밀 꿀팁

산업 혁명과 철의 등장

18세기 후반, 유럽에서는 생산 기술이 획기적으로 발전하면서 '산업 혁명'이 시작되었어. 이전에는 사람이나 동물의 힘으로 물건을 만들었지만, 증기 기관이 발명되면서 대량 생산이 가능해졌어. 특히 철광석을 녹여 철을 만드는 제철 기술이 등장하면서, 철은 다양한 곳에 사용됐어. 철로 만든 기차와 철도, 다리, 항구 시설이 빠르게 생겨났고, 이 덕분에 자원과 물건을 먼 거리까지 빠르게 옮길 수 있게 됐어.

▲ 증기 기관차

철을 재료로 쓰기 시작한 건축

예전에는 건축에 주로 돌, 벽돌, 나무 같은 재료가 쓰였어. 하지만 철이 건축 재료로 쓰이면서 건물의 형태가 달라졌어. 철은 돌보다 훨씬 가볍고 튼튼해서 높고 넓은 구조물을 만들 수 있었거든.

덕분에 건축은 집을 짓는 것을 넘어서 기술과 예술이 결합하는 새로운 시대를 보여 주기 시작했어. 에펠탑은 철을 이용한 건축이 어디까지 가능한지 보여 준 상징적인 사례이기도 해.

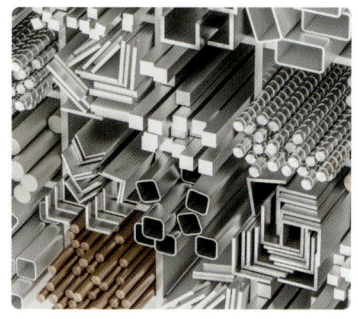

1880년대 말, 프랑스의 모습

에펠탑이 지어진 1880년대 말, 프랑스는 산업 혁명의 물결 속에서 급격히 변하고 있었어. 공장과 철도가 전국에 퍼졌고, 시골에 살던 사람들이 도시로 몰려들며 도시 인구가 급속히 늘어났지. 새로운 기술과 기계, 전기 등이 사람들의 일상 속에 들어왔어. 좁고 오래된 골목길 대신 넓은 도로가 생기고, 가스등이 거리를 밝혔어.

물론 파리의 모습은 여전히 고전적이었어. 회색빛 석조 건물과 뾰족한 성당 첨탑이 어우러진 도시였지. 도시 한복판에는 센강이 흐르고, 그 곁으로 산책하는 사람들과 노점, 거리의 음악가들이 있었지.

"기술의 발전이 도시의 풍경을 바꿔 놨어."

"나 같은 야행성 고양이들에겐 희소식이야!"

 **아키의 노트 필기**

산업 혁명으로 철이 널리 쓰이면서,
기차와 다리, 높은 건물들이 생겨났고, 건축의 모습이 달라졌다.
1880년대 말, 프랑스 파리도 새로운 기술의 발전으로 급격히 변하고 있었다.

　루나는 푸른 눈동자를 빛내며 아키와 현준을 다그쳤다. 루나의 입매는 씩씩하면서도 고집스러워 보였다.

　아무리 봐도 사람인 루나의 모습에, 아키는 안도의 한숨을 쉬었고, 현준은 얼떨떨한 얼굴로 대답했다.

　"에펠과 아는 사이는 아닌데, 왜 그래?"

　루나는 어깨를 으쓱했다.

　"아는 사이가 아니면 됐어. 그나저나 너희 옷이 좀 특이하네. 우리 집은 엄청 부자야. 내 옷만 봐도 알겠지?"

아키와 루나가 인사를 하는 사이, 현준은 바닥에 떨어져 있던 수첩을 주워 들었다.

그 수첩 안에는 에펠의 모든 것이 빼곡하게 적혀 있었다. 에펠의 집과 사무실 주소부터 에펠탑이 만들어지는 과정까지! 그런데 루나가 현준이 살펴보던 수첩을 낚아챘다.

"내 거야. 이리 내!"

그 순간, 바닥이 흔들렸다.

　루나가 얼굴을 잠깐 찌푸렸지만, 현준과 아키는 게임판을 살피느라 루나를 볼 새가 없었다.

　곧이어 루나는 표정을 풀고 주사위 앞으로 다가갔다.

아키는 탐험 카드를 보고 아리송하다는 듯 말했다.

"철의 마법사라니? 이건 또 무슨 수수께끼람?"

그러자 현준은 미소를 지었다. 이 정도 수수께끼는 현준에게 누워서 떡 먹기였다.

"에펠탑을 만든 귀스타브 에펠은 '철의 마법사'라고 불리기도 해. 그러니까 이건 에펠을 도우라는 뜻이지. 우선 에펠탑 공사 현장으로 가 보자!"

현준이 명쾌하게 답을 내놓자, 아키는 덩달아 신이 났다.

"좋았어! 길은 루나가 잘 알지? 여기 사니까."

"아차! 하하, 잠깐 헷갈렸어. 나만 믿고 따라와! 에펠탑 앞으로 데려다줄 테니까."

루나는 어색하게 말을 바꾸고는 재빨리 앞장섰다. 현준과 아키는 그런 루나를 대수롭지 않게 여기고 그 뒤를 따랐다.

아침 햇살을 받은 센강은 은은하게 빛나고 있었다. 밝은 파리의 거리를 마주한 현준과 아키의 발걸음은 가벼웠다.

에펠탑 공사 현장 근처에는 에펠탑 건설을 반대하는 시민들의 외침이 끊이지 않고 있었다.
"정부에서도 더 이상 공사비를 주지 않는다면서!"
한 시민의 외침을 들은 아키가 놀라서 두 눈을 동그랗게 떴다.
"엥? 그러면 에펠탑은 누구의 돈으로 공사하고 있는 거야?"

"아야! 이 고양이 녀석, 에펠을 응원하는 거야?"
"꼬리를 밟아서 미안하다, 미안해!"
"에잇, 오늘은 이만하고 내일 다시 만납시다. 해산이오, 해산!"
화가 난 아키의 몸부림에 놀란 시위대는 내일을 기약하며 흩어졌다. 그런데도 아키는 시위대를 뒤쫓을 기세였다.

아이들은 철제 자재들이 늘어선 공사 현장을 걸었다. 에펠탑 공사 현장을 두 눈으로 직접 보게 된 현준은 마음이 한껏 들떴다. 곧이어 아키가 걸음을 멈추고 높은 곳을 가리켰다.
"저기 좀 봐!"

공사 현장을 날아다니는 전단지에는 한 남성이 이상한 비율로 그려져 있었다. 얼굴 크기가 몸 크기만 해서 우스꽝스러운 모습이었다.

현준이 전단지를 보고 알은체했다.

"이 사람은 귀스타브 에펠이야. 에펠탑을 설계한 건축가지."

그러자 아키는 이상하다는 듯 고개를 갸웃했다.

"그런데 왜 이렇게 우습게 그려 놨을까?"

설명을 마친 현준의 얼굴이 걱정으로 어두워졌다.

에펠이 소송 비용까지 내게 되면 공사가 중단될지도 몰라. 에펠을 어떻게 도와야 할까······.

잠시 고민하던 현준이 뭔가를 결심한 듯 말했다.

"이럴 때는 역시 정직하게 전하는 진심이 도움이 될 거야. 루나, 에펠이 그린 에펠탑의 도안들이 어디에 있는지 알아?"

"아마 에펠의 작업실에 있을 거야. 그건 왜?"

"그 도안들이 필요할 것 같아."

그렇게 아이들은 에펠의 작업실로 걸음을 옮겼다.

"에펠은 에펠탑 설계를 위해 오천 장이 넘는 도안을 그렸어. 그 도안을 사람들에게 보여 주라고 할 거야. 에펠탑이 얼마나 정교한 건축물인지 알리는 거지. 도안을 보면 사람들도 에펠의 열정과 에펠탑의 가치를 알아줄 거야."

현준은 먼저 작업실 안으로 성큼성큼 들어가서 책상 서랍과 방 이곳저곳을 살피기 시작했다.

잠시 후, 아키와 현준이 에펠의 작업실로 돌아왔을 때, 루나가 보이지 않았다. 현준은 사방을 두리번거렸다.

"잠깐, 아키! 여기 책상 위에 있던 도안들도 사라졌어!"

아키도 깜짝 놀라서 주변을 살폈다.

"에펠의 도안을 훔친 사람이 루나까지 잡아간 거 아닐까?"

아키의 말을 듣고 곰곰이 생각하던 현준은 고개를 저었다.

"우선 루나의 집으로 가보자. 아까 수첩에 적혀 있던 집 주소를 기억하고 있어."

　　루나는 잠시 당황하더니 방 안에 들어가 얼른 도안을 가지고 나왔다. 그러고는 다시 당당한 표정으로 말했다.

　　"아무래도 도안을 누가 훔쳐갈까 봐 불안해서. 내가 안전하게 보관하려고 집으로 가져왔지."

　　현준은 고개를 갸웃했지만, 아키는 루나의 말을 그대로 믿었다.

　　"역시! 루나는 에펠의 팬이 맞구나!"

　　"자, 도안은 안전하니까 너희가 다시 에펠의 사무실에 가져다 줘. 내일 아침에 공사 현장 앞에서 만나자!"

　　루나는 에펠의 도안을 떠넘기고는 아키와 현준을 쫓아내듯 집밖으로 안내했다.

다음 날, 현준과 아키는 에펠탑 공사 현장에 도착해 루나를 만났다. 그곳에는 이미 에펠탑 건설을 반대하는 시위대가 모여 있었다. 다들 소송을 진행하려고 마음을 단단히 먹은 표정이었다.
현준은 긴장한 채로 상황을 지켜보았다. 에펠은 현준의 메모를 보았을까? 도안을 사람들에게 꼭 보여 줘야 할 텐데.

 사실 시위대 사람들은 에펠의 도안을 봐도 뭐가 뭔지 알 수 없었다. 하지만 도안들을 직접 보고 나니 에펠탑이 그렇게까지 위험하지 않을 수도 있겠다는 생각이 들었다. 게다가 에펠의 간절한 눈빛과 목소리가 사람들의 마음을 누그러뜨렸다.
 현준의 말대로 정직하게 전하는 진심이 통한 걸까? 시위대는 결국 한발 물러서기로 했다.
 "그렇게까지 설득하니 우리도 소송은 다시 생각해 보겠소."

시위대가 떠나고 공사 현장은 평화를 찾았다. 에펠은 안도의 한숨을 쉬고, 현장을 돌보기 시작했다. 곧이어 공사장 인부들이 작업하는 소리가 들려 왔다.

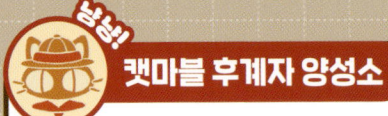

에펠탑을 반대하는 목소리

오늘의 비밀 수업

캣마블 비밀 꿀팁

공사비 부족으로 주식회사를 세우다

에펠탑을 짓는 데는 약 650만 프랑이 필요했어. 하지만 세계 박람회를 준비한 조직위원회는 그중 150만 프랑만 지원할 수 있다고 했지. 큰 금액이 부족해지자, 에펠은 직접 나서서 주식회사를 세우고 주식을 팔아 자금을 모았어. 은행에서 빚도 내며 공사비를 마련했고, 그 대신 20년 동안 에펠탑에서 나오는 수익을 가져가기로 했지. 이처럼 에펠탑은 '민간 자본'으로 세워진 세계적인 건축물 중 하나로 꼽혀.

시민들의 반대

당시 파리는 석조 건물과 성당, 오페라 극장이 어우러진 예술과 문화의 도시였어. 그 도시에 철로 된 거대한 탑이 생긴다고 하자, 많은 예술가와 지식인들, 시민들은 강하게 반대했지. 소설가 에밀 졸라, 기 드 모파상, 작곡가 샤를 구노, 건축가 가르니에 등 많은 사람들이 반대의 목소리를 냈어. 이들은 에펠탑이 '쓸모없고 흉측한 괴물 같다'고 비난했어. 당시에는 철 구조물이 드러난 건축이 흔하지 않았기 때문에, 파리의 전통적인 모습과 어울리지 않는다고 생각했던 거야.

▶ 귀스타브 에펠을 풍자한 그림

에펠탑의 시작에 있던 사람들

사실 에펠탑의 처음 아이디어는 에펠이 아니라, 에펠 회사의 에밀 누기에와 모리스 케클랭, 스테픈 소베스트르가 냈어. '300미터 철탑'의 구조 설계를 먼저 만들고, 외관을 다듬어 오늘날 우리가 아는 에펠탑의 모습이 완성되었지. 1889년 파리 세계 박람회를 준비하면서 정부가 기념 건축물을 세우기로 하자, 에펠은 이 설계안을 에펠 회사의 이름으로 제출했어. 그는 이 철탑의 가능성을 높이 평가해, 특허를 공동으로 등록한 뒤 이후 권리를 인수하여 본격적인 건설을 추진하였지. 에펠은 세 사람의 공로를 인정하여 보상금과 수당을 주기도 했어.

▶ 에펠탑의 초기 구상

 **아키의 노트 필기**

에펠은 공사비를 마련하려고 주식회사를 세우고, 직접 돈을 빌려서 에펠탑을 지었다. 에펠탑은 건축 과정에 어려움이 많았지만 에펠의 추진력으로 무사히 완성될 수 있었다.

현준은 아래쪽만 예쁘게 빛나는 에펠탑 조각을 이리저리 살펴보았다.

'대략 4분의 1 지점까지만 빛나고 있네……'

함께 조각을 보고 있던 아키가 고개를 갸웃하며 말했다.

"설계도 보상은 없는 걸까?"

상자를 열어 본 아키의 표정이 금세 실망으로 물들었다.

"에잇, 또 이상한 게 나왔네!"

현준과 루나도 아키를 따라 상자에서 나온 것들을 살펴보았다.

현준은 바로 그게 무엇인지 아는 눈치였다. 하지만 배가 고픈 아키는 그저 화가 날 뿐이었다.

"리벳이고 뭐고, 먹을 게 아니면 필요 없어!"

아키가 리벳을 깨물기 시작했다.

"이거라도 팔아서 에펠을 도와줘야 하는 걸까?"

아키는 물고 있던 리벳을 입에서 빼며 뒤통수를 긁적였다.

에펠은 엔지니어들과 함께 공사 자재들에 불량이 없는지 꼼꼼히 점검하고 있었다. 입고 있는 양복은 조금 남루했지만, 공사를 지휘하는 에펠의 얼굴은 누구보다 빛이 났다.

그런 에펠을 바라보던 아키가 현준에게 물었다.

"그래서 이 리벳이라는 거는 어디에 쓰이는데?"

그때, 에펠탑에 올라간 인부들이 아래를 향해 소리를 쳤다.

"리벳이 좀 더 필요해! 누가 좀 가져와 줘!"

말이 끝나기 무섭게 아키가 현준의 손에 있던 리벳을 휙 빼앗아서 에펠탑 쪽으로 달려갔다.

"여기요! 찾으시는 리벳이 여기에 있어요!"

"고맙다. 참 착한 고양이구나."

인부들은 아키가 건넨 리벳을 보며 미소를 지었다.

곧이어 점심 시간. 인부들이 아키에게 얼른 오라고 손짓을 했다.

"이리 오렴! 아까 도와줬으니까 함께 먹자."

아이들은 탐험 카드 칸으로 이동했다.

그 와중에도 아키는 입맛을 다시며 투덜대기 바빴다.

"프랑스에 맛있는 요리가 많다던데……."

현준은 못 말린다는 듯 픽 웃으며 탐험 카드를 집어 들었다.

루나가 얼굴이 새파랗게 질려서 외치자, 아키와 현준이 놀라서 루나에게 다가갔다.

루나는 온몸을 떨며 손으로 얼굴을 가렸다. 아키가 얼른 루나에게 몸을 비비며 루나를 달랬고, 현준은 무슨 일인지 살피려고 에펠탑을 올려다보았다.

에펠탑에서는 한창 3층을 올리는 공사가 진행 중이었다. 위에서 일하는 인부들은 평온해 보였지만, 워낙 높은 곳에서 이루어지는 공사다 보니 밑에서 보기에 아슬아슬하기도 했다.

그리고 그때, 위에서 공사를 하던 한 인부가 비틀거렸다.

도망치듯 뛰어가는 루나의 뒷모습을 보고 아키가 걱정했다.
"루나가 엄청 놀랐나 보다. 저렇게 가 버리고……."
그 사이 비틀대던 인부는 무사히 에펠탑을 내려왔고, 다들 놀란 가슴을 쓸어내렸다. 그 모습을 본 현준이 생각에 잠겼다.
에펠탑에 안전이 깃들게 하라.
탐험 카드 문구를 떠올린 현준은 무언가를 찾는 듯 공사장 이곳저곳을 살폈다. 그러다가 공사장 구석에 놓인 목재를 가져와서 무언가 만들기 시작했다.

옆에서 지켜보던 인부들이 다가와서 아키와 현준이 만든 것들을 살피기 시작했다.

"너희, 뭘 만든 거니?"

아까 에펠탑 3층 공사 현장에서 위험하게 비틀거렸던 인부가 다가와 물었다. 이름이 폴이라고 했던가.

현준은 폴에게 자신이 만든 것을 소개했다.

"인부들이 안전하게 공사할 수 있도록 안전판과 가드레일을 만들어 봤어요. 완벽하진 않아도 이런 게 있으면 공사 현장에서 사고를 줄일 수 있을 거예요."

현준과 반갑게 악수를 나눈 폴이 변명하듯이 말했다.

"에펠 씨가 우리에게 안전을 단단히 당부했지만, 공사가 늦어질까 봐 우리도 가끔 무감각해질 때가 있어. 그래서 에펠 씨에게 많이 혼나기도 했지, 하하."

현준은 인부들의 마음도 이해가 되었다. 공사가 늦어질수록 에펠의 돈도 점점 바닥이 났다. 하지만 에펠의 당부대로 안전이 무엇보다 가장 중요했다.

"우리 다같이 안전판과 가드레일을 만들어요! 안전하게 공사를 끝내는 거예요!"

현준이 망치를 들고 힘차게 말하자, 폴과 인부들은 부지런히 몸을 움직이기 시작했다.

광대 일을 하던 폴은 에펠이 파리에 탑을 짓는다는 소문을 듣게 되었다. 보르도 철교 현장의 에펠을 기억하는 폴은 에펠을 믿고 에펠탑 공사의 인부가 되기로 하였다.

"에펠탑은 아주 멋지게 지어질 거야!"

폴은 공사 현장을 둘러보며 빙그레 미소를 지었다.

다음 날 아침. 공사 현장이 발칵 뒤집혔다. 어제 함께 만든 안전판이 모두 사라졌고, 가드레일은 엉망으로 부서진 상태였다.

"뭐야! 대체 누구 짓이야!"

아키는 씩씩대면서 하악질을 했고, 폴도 놀라서 물었다.

"어떻게 된 걸까? 시위하던 사람들의 짓일까?"

"그럴 수도 있고, 아닐 수도 있죠."

현준은 알쏭달쏭하게 말하더니 갑자기 루나를 찾기 시작했다.

루나는 입술을 꽉 깨물었다. 루나의 푸른 눈이 슬프게 빛났다.
"그래! 내가 그랬어. 에펠의 도안을 몰래 가져갔던 것처럼."
"그때부터 뭔가 수상하긴 했어."
현준의 말에 아키는 그저 어리둥절했다. 현준과 아키를 돕고 있다고 믿었던 루나가 사실은 모든 걸 망치려고 했다고?

"자자, 다시 일을 시작해 봅시다!"

한바탕 소동도 잠시, 폴의 힘찬 외침에 공사 현장이 다시 분주해졌다. 루나는 안전판을 되돌려 주었고, 인부들은 망가진 가드레일을 손본 뒤 공사 현장 곳곳에 설치하기 시작했다.

공사 현장에 도착한 에펠 씨도 그 모습을 지켜보았다.

"내가 꿈꾸던 안전한 공사 현장이야……. 모두에게 고맙군."

가드레일을 설치하고 나니, 에펠탑에 오른 인부들의 움직임이 훨씬 편해졌다. 그렇게 공사는 마무리를 향해 달려갔다.

그리고 며칠 뒤, 드디어 에펠탑이 완성되었다. 공사를 시작한 지 2년 2개월 만의 일이었다. 세상에 누가 철로 된 이 높은 탑을 이렇게 빨리 지을 거라고 생각했을까?

모두들 감격한 얼굴로 완성된 에펠탑을 올려다보았다.

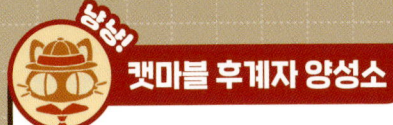

철의 마법사, 에펠

오늘의 비밀 수업

캣마블 비밀 꿀팁

철에 빠진 청년

귀스타브 에펠은 1832년 프랑스의 디종이라는 도시에서 태어났어. 어릴 적부터 공부를 잘했고, 열여덟 살에는 파리에 있는 공예 학교에 입학해 화학을 배웠지. 졸업 후에는 처남이 운영하는 주철 공장에서 일하며, 철을 녹이고 다루는 기술을 익혔어.

그러던 중 '산업의 궁전'이라는 이름의 철로 만든 거대한 전시관을 보고 큰 감동을 받았어. 그때부터 에펠은 철이라는 재료가 가진 힘에 매료되었고, 철로 아름답고 튼튼한 건축물을 만들고 싶다는 꿈을 꾸게 되었다고 해.

귀스타브 에펠 ▶

보르도에서 시작된 도전

에펠은 철도 회사에 들어가 비서로 일하다가, 1858년 보르도 지역의 큰 다리 공사에 참여하게 되었어. 그곳에는 갈론 강이라는 넓은 강이 있었고, 이 위로 약 500미터 길이의 철도용 다리를 놓는 공사였지. 당시 에펠은 경력도 짧고 나이도 어렸지만, 강한 책임감과 뛰어난 기술로 공사를 성공적으로 마쳤어. 이 다리를 통해 그는 '젊지만 믿을 수 있는 기술자'로 이름을 알리기 시작했고, 점점 더 큰 공사들을 맡게 되었어.

▶ 당시 엽서에 담긴 보르도 철교

자유의 여신상에도 에펠이?

에펠은 자신의 회사를 세워 프랑스와 세계 곳곳에 다리와 탑을 세웠어. 포르투갈, 루마니아, 베트남처럼 프랑스 식민지였던 나라에도 그의 건축물이 남아 있지.

그리고 에펠이 맡은 특별한 일 중 하나가 바로 '자유의 여신상'의 구조 설계야. 이 조각상은 프랑스가 미국의 독립 100주년을 축하하며 선물한 거대한 조형물이었어. 겉모습은 프랑스 조각가 바르톨디가 만들었지만, 안쪽의 철 구조는 모두 에펠이 설계한 거야. 높이 46미터나 되는 조각상이 흔들리거나 무너지지 않도록, 에펠은 튼튼한 철제 뼈대를 만들고 정교하게 조립했어. 그래서 지금도 자유의 여신상 안에는 '에펠의 기술'이 살아 숨 쉬고 있지.

▶ 미국, 자유의 여신상

아키의 노트 필기

에펠은 주철 공장에서 일하며 철을 다루는 법을 익혔고,
보르도 철교와 자유의 여신상도 만들었다.
그래서 사람들은 에펠을 '철의 마법사'라고 부른다!

에펠탑 완공의 기쁨도 잠시, 에펠은 에펠탑 개장을 위해 할 일이 많다며 자리를 떴고, 인부들도 자리를 정리했다.
어느새 에펠탑 앞에는 아키와 현준, 루나만 남아 있었다.
"정말 미안해, 얘들아."
루나는 진심으로 사과했다.
루나가 안전판과 가드레일을 망가뜨렸다는 사실을 알았을 때, 솔직히 아키와 현준은 화가 많이 났다. 하지만 루나가 폴을 걱정하며 눈물을 흘리는 모습에 마음이 풀렸다. 가족을 걱정하는 루나의 마음만큼은 진심이었으니까.

"나는 게임을 돕는 안내자. 뭐든지 물어봐!"

램프의 등장에 아키는 안심하고 꼬리를 내렸다.

"이번 안내자는 램프구나!"

"그런데 왜 하필 램프지?"

지난 게임의 안내자였던 파라오의 갈고리를 떠올린 현준은 문득 궁금증이 생겼다.

현준의 질문에 답한 사람은 의외로 루나였다.

"저 램프, 에펠 씨의 책상에서 본 적 있어! 밤새 도안을 그릴 때 밝혔던 램프와 똑같이 생겼어. 에펠탑과 관련이 있는 거지."

"오, 루나~ 똑똑한데?"

"근데 뭘 도와달라고 하지?"

"맛집 추천 받는 거 어때?"

"그거 게임에 도움되는 거 맞아?"

"아키! 게임에 집중해야지."

"얘들아, 나 잊었니?"

잠시 고민하던 현준은 문득 수수께끼 같은 문장 하나를 중얼거렸다.

"세상에서 가장 가볍고 높은 탑이 설 때, 높이 오른 푸른 달이 온 세상을 비춘다."

그러자 루나가 알은체했다.

"그거 게임 처음 시작할 때 철판에 새겨져 있던 문장 아니야?"

"맞아. 이 문장의 의미를 이해해야 게임에 도움이 될 거야."

현준은 문장을 곱씹다가 에펠의 램프에게 질문했다.

"높이 오른 푸른 달은 어떤 의미일까?"

현준이 묻자 램프는 기다렸다는 듯 목을 가다듬었다.

램프는 답답했는지 덧붙여 말했다.

"눈을 뜨고 옆을 봐 봐! 푸른 빛이 너희를 비추고 있다니까?!"

현준은 문득 옆에서 장난치는 아키와 루나를 바라보았다.

처음부터 우리를 비추고 있었다고? 처음부터 있었던 건…….

　현준은 이제 문장의 의미를 조금 알 것 같았다.
　푸른 달이 높이 오른다는 건……. 루나와 함께 에펠탑을 올라 보면 알겠지.
　바로 그때, 바닥이 흔들리고 다시 게임판이 등장했다.
　수수께끼를 풀었다는 생각에 신이 난 현준이 나서서 외쳤다.
　"내가 주사위를 던질게!"
　힘껏 던져진 주사위가 또르르 굴러 떨어졌다. 눈은 '1'을 가리키고 있었다. 한 칸을 움직인 현준은 고개를 갸웃했다.

이곳은 무인도. 동서남북, 어디를 보아도 사방이 바다였다. 그것도 바닥이 보이지 않을 만큼 깊은 바다.

아키는 바닷물에 발을 살짝 담가 보았다.

"이크! 물이 엄청 차!"

그때 얼굴이 새파랗게 질린 현준이 아키를 다급하게 불렀다.

"아키! 얼른 이리 돌아와! 바다에 상어가 있는 것 같아!"

현준과 아키는 심란한 얼굴로 모래사장에 앉아 끝도 없이 펼쳐진 바다를 바라봤다. 그때, 루나가 한쪽을 가리켰다.

"저기 봐! 저기 뭐가 있어!"

"깃발이 있네? 일단 가 보자!"

현준은 넋이 나간 아키를 어깨에 이고 루나와 함께 깃발을 향해 달려갔다.

현준은 한숨을 푹 쉬었다. 어쩐지 순조롭더니. 이 게임이 그렇게 호락호락할 리가 없었다.

"새로운 함정 칸인가 봐. 빈 주사위로 어떡하라는 걸까?"

"이럴 때는 우선 던지고 봐야지!"

루나는 찡긋 윙크를 하고는 주사위 두 개를 휙 던졌다. 주사위가 하늘 높이 떠올랐다가 바닥에 툭 떨어졌다. 하지만 여전히 주사위는 비어 있었다.

루나가 아쉽다는 듯 입맛을 다셨다.

"에잇, 혹시 던지면 숫자가 나타날까 했는데."

현준과 루나가 말릴 틈도 없이 아키는 사정없이 주사위를 던졌고, 곧이어…….

쿠구궁 쾅! 쾅! 쾅!

커다란 굉음과 함께 땅이 흔들리다가 멈췄다.

거센 파도가 철썩철썩 아이들의 발밑까지 다가와 있었다.

"으악! 상어 무서워, 하악!"

"그러게 주사위를 그렇게 막 던지면 어떡해!"

"이제부터 잘 던지면 되지, 집사! 그래도 내 덕분에 잘못하면 어떻게 되는지 알게 됐잖아!"

"뭐? 그걸 지금 말이라고 해?"

순식간에 아키와 현준이 다투기 시작했다.

갑작스러운 루나의 사과에 현준은 깜짝 놀랐다.

"루나, 그게 무슨 소리야? 다 이 바보 고양이 때문인데."

아키가 현준을 휙 째려보았다. 루나가 말을 이었다.

"너희가 하는 게임을 내가 망치려고 했잖아. 그게 걸림돌이 돼서 여기까지 온 게 아닐까……?"

루나가 자책을 하자 아키는 루나를 토닥였다.

"그런 말이 어딨어. 너는 사과도 했고, 에펠탑은 잘 완성됐잖아!"

아키는 박수를 치며 좋아했다.

"루나! 진짜 좋은 아이디어다!"

현준은 이 상황이 어이가 없었다. 저런 게 먹힌다고? 하지만 현준에게도 뾰족한 수가 없었다.

만약 지금 딛고 있는 이 땅조차 사라지면 어떻게 될까. 모두 물에 빠져서 죽는 걸까. 이대로 상어의 밥이 될지도 몰랐다.
생각이 꼬리를 물자 현준은 골치가 아팠다.
하지만 아키와 루나는 현준의 마음도 모르고 그저 해맑았다.

유럽 건축과 에펠탑

오늘의 비밀 수업

캣마블 비밀 꿀팁

건축은 어떻게 변해 왔을까?

　사람들이 처음 건축을 시작한 건 비, 바람, 짐승으로부터 자신을 보호하기 위해서였어. 이후 마을과 사회가 생기면서 건축은 점점 다양해졌지.
　이집트에는 왕을 위한 피라미드가 있었고, 그리스에는 사람들이 공연을 보는 원형 극장이 있었어. 로마 시대에는 콜로세움처럼 많은 사람이 함께 모이는 공간이 생겼고, 산업 혁명 이후에는 철과 유리를 사용한 높고 넓은 건물이 지어졌지. 에펠탑은 이런 건축의 변화 과정에서 등장한 새로운 시대의 상징이야.

높고 높은 에펠탑

에펠탑은 1889년, 파리 세계 박람회를 기념해 세워졌어. 높이는 약 300미터, 꼭대기 안테나까지 합치면 330미터에 달하지. 완공 당시에는 세계에서 가장 높은 건축물이었어.

에펠탑에는 1,700여 개의 계단이 있고, 엘리베이터를 타면 3층 전망대까지 오를 수 있어. 낮에 오르면 파리 시내를 한눈에 내려다볼 수 있고, 밤이 되면 에펠탑에 조명이 켜지며 아름답게 빛나지.

이걸 언제 다 올라가냐고!

파리의 풍경을 바꾼 에펠탑

1889년 5월 6일, 드디어 에펠탑이 문을 열었어. 첫 주에만 3만 명이 넘는 사람들이 몰렸고, 박람회가 열린 6개월 동안 약 200만 명이 다녀갔지. 박람회 기간 동안 에펠탑은 약 650만 프랑의 입장 수익을 올렸다고 해.

에펠탑의 성공은 단순히 돈을 벌었다는 것 이상을 의미했어. 시간이 지나면서 에펠탑은 '현대적인 건축', '기술의 상징'으로 받아들여졌고, 파리를 대표하는 랜드마크가 됐지. 이후 일본의 도쿄 타워, 미국의 대관람차, 호주의 오페라 하우스처럼, 세계 곳곳에 그 도시를 대표하는 랜드마크들이 생겨났어. 게다가 지금까지도 전 세계 사람들의 사랑을 받고 있으니 에펠탑의 영향력과 가치가 얼마나 큰지 알 수 있겠지?

 아키의 노트 필기

에펠탑은 높이 330미터로, 1,700여 개의 계단이 있는 철로 만든 거대한 탑이다. 에펠탑은 단순히 돈을 벌어다 준 건축물이 아니라, 전 세계에 영향을 미친 파리의 대표적인 랜드마크이다.

그렇게 무인도에서 무사히 탈출한 기쁨을 누리는 것도 잠시, 바닥이 다시 흔들리고 게임판이 나타났다. 루나는 얼른 주사위를 집어 들었다.

"어휴, 얼른 이 칸을 벗어나자."

루나가 던진 주사위가 '3'을 가리켰다.

루나의 파란 눈동자가 생기 있게 빛났다. 현준도 에펠탑이 지어졌을 당시의 파리 시내를 구경할 생각에 덩달아 신이 났다.

　마부 아저씨의 힘찬 구호와 함께 마차가 출발했다.
　마차에서 구경하는 파리 시내는 아주 근사했다. 어디로 가든 도로가 넓게 뻗어 있었고, 낡은 건물 대신 발코니가 나란히 들어선 석조 건물들이 쭉 늘어서 있었다.

루나와 아키는 모든 게 다 신기하다는 듯 재잘댔다. 현준은 둘의 이야기를 듣다가 조금씩 설명을 덧붙였다.

"이 건물들은 하우스만 남작의 도시 계획 아래 지어진 석조 건물들이야. 1850년대 후반에서 1870년경에 걸쳐 지어진 것들이지. 크림색 석조 외관에, 발코니와 철제 난간이 특징이야!"

건축가답게 건물에 대해 설명하는 현준의 눈이 반짝거렸다.

현준의 설명에 마부 아저씨도 거들었다.

"최근 이삼십 년 사이에 건물만 새로워진 게 아니란다. 지금 마차가 지나는 넓고 곧은 길들도 새로 뚫린 건데, 그전에는 좁고 미로 같은 골목길이 아주 많았지."

"세계 박람회는 뭐예요?"

아키가 고개를 갸웃하며 묻자, 옆에서 루나가 답했다.

"세계 각국이 한자리에 모여서 자신들의 기술이나 건축물 같은 걸 뽐내는 아주 큰 전시회야. 곧 파리에서 열릴 예정이지!"

"알겠다! 그럼 그 세계 박람회를 위해서 30년 동안 열심히 도시를 가꾼 거네?"

아키가 알겠다는 듯 박수를 짝 치자 현준은 고개를 저었다.

"꼭 그런 건 아니야. 하우스만 남작의 도시 계획은 파리 시민들의 삶을 낫게 하기 위해서였어. 당시 좁은 길과 비위생적인 환경 때문에 전염병이 쉽게 돌고, 화재가 발생하는 경우가 많았거든."

그런데 돌연 현준이 심각한 표정을 지으며 뜸을 들였다.

"그래도 세계 박람회를 위해 준비한 것이 있었으니……!"

루나와 아키가 현준의 말을 기다리며 침을 꿀꺽 삼켰다.

"파리 세계 박람회를 준비하면서 '철강과 과학 기술의 상징이 되는 구조물'을 위한 공모전이 열렸어. 거기서 채택된 덕에 에펠탑이 만들어진 거야."

현준의 설명에 루나는 감탄했다.

"현준! 너 정말 아는 게 많구나!"

현준은 가슴이 세차게 뛰는 것을 느꼈다. 전에 파리에 가서 노트르담 대성당을 본 적이 있었지만, 그때는 공사가 한창이었다. 한 번 큰불이 나면서 복원이 필요했기 때문이다. 그런데 이렇게 온전한 노트르담 대성당을 보다니. 그야말로 감동이었다.

아키가 잠꼬대하는 걸 상상한 루나가 하하 웃었다.
"말썽꾸러기 같지만, 그래도 참 귀여운 고양이야!"
그때, 마부 아저씨가 아이들에게 말을 걸었다.
"얘들아, 이제 마차 타기의 하이라이트가 펼쳐질 예정이란다!"

개선문을 중심에 두고 방사형으로 뻗어 나가는 도로의 모습은 잘 정돈된 계획도시 파리를 보여 주고 있었다.

그렇게 아이들이 감탄하는 사이, 마차는 어느덧 다시 에펠탑 앞에 멈추어 섰다. 아이들은 마차에서 내리며 마부 아저씨에게 감사 인사를 전했다.

"감사합니다, 아저씨. 정말 즐거웠어요!"

루나가 중얼거리는 소리를 듣고 현준이 얼른 설명해 주었다.

"아, 조각 맨 위의 안테나는 지금 없어. 나중에 통신을 위한 안테나가 추가로 지어질 거야."

루나는 고개를 끄덕였다. 루나는 이제 애정이 담긴 파란 눈으로 에펠탑을 올려다보고 있었다.

옆에서 이야기를 듣던 아키는 입이 찢어져라 하품을 길게 했다.

"흐아아암! 이제 뭐 하지?"

말하기 무섭게 땅이 흔들렸다.

카드 문구를 확인한 아키가 투덜댔다.
"흐음, 에펠탑은 이미 세계 박람회의 주인공 아니야?"
루나도 고개를 갸웃했다.
"사람들한테 에펠탑을 자랑해야 하는 걸까?"
"우선 주변을 좀 살펴보자!"

"으음~ 달콤한 냄새!"

"세계 박람회를 위해서 설치한 건가 봐!"

"맛있겠다. 얼마예요?"

"사람도 정말 많아."

그 사이 에펠탑 앞에는 긴 산책로가 생겼다. 푸른 잔디와 나무가 가득한 공원이 자리를 잡았고, 한쪽에는 천막이 설치되면서 식당과 매점이 들어섰다. 에펠탑 앞은 파리 세계 박람회를 즐기러 온 사람들로 가득했다.

여기저기 구경거리가 많아 현준과 루나의 눈이 휘둥그레졌다. 아키는 맛있는 음식 냄새를 맡고 코를 킁킁거렸다.

아이들은 폴이 있는 쪽으로 향했다.
"오빠, 여기서 뭐 해?"
"에펠탑의 철이 녹슬지 않도록 페인트 칠을 하고 있었어."
폴은 인부들을 돌아보았다.
"박람회 준비가 잘 되어 가고 있네!"
현준은 옷을 갈아입는 에펠탑과 주변 풍경을 보며 웃었다. 하지만 폴은 근심 어린 표정을 지었다.
"그렇긴 한데……. 에펠탑에 문제가 하나 있어. 엘리베이터가 열흘쯤 뒤에나 작동될 거 같아서 말이야."

와중에 아키가 눈이 휘둥그레져서 물었다.
"여기 엘리베이터가 있어?"
에펠탑의 외관만 보아서는 엘리베이터가 있을 거라고 상상하기 힘들었기 때문에 나온 반응이었다.

"당연하지. 탑이 이렇게 높은걸?"

"엘리베이터가 올라갈 수 있도록 다리에 레일을 깔아 놨어."

"근데 뭐가 문제예요?"

폴은 에펠탑을 올려다보았다.

"박람회는 내일부터 시작인걸? 엘리베이터가 없으면 사람들이 이 높은 탑을 오르는 걸 꺼릴 수도 있어."

루나의 표정도 덩달아 어두워졌다. 남매의 머리 위에 먹구름이 낀 것 같았다.

"박람회 날짜를 미루면…?"

"되겠냐?"

"좀 그렇지?"

"우선 페인트 칠부터 얼른 마무리해 봐요."

"내일 좋은 수가 생길 거예요."

'웬일로 집사가 긍정적이네.'

다음 날, 드디어 파리 세계 박람회가 시작되었다. 프랑스 혁명 100주년을 기념해서 열린 터라, 파리 시민뿐 아니라 세계 각국 사람들의 관심이 쏟아졌다.

그런데 세계 박람회를 즐기려고 모인 사람들이 에펠탑에도 관심을 가질까? 현준과 아키, 루나와 폴은 떨리는 마음을 안고 에펠탑으로 향했고, 곧이어 자신들의 걱정이 기우였다는 것을 깨달았다.

루나도 그동안 자신이 한 일을 하나씩 떠올렸다. 주민들을 부추겨서 공사 반대 시위를 하고, 에펠의 도안을 훔치기도 했다. 오빠인 폴을 걱정하는 마음에서 한 일들이었지만, 그걸로 정말 에펠탑 공사가 멈추었다면 어쩔 뻔했을까?

루나는 아키, 현준과 함께하면서 에펠을 믿게 되었고, 에펠탑이 얼마나 아름다운지도 알게 되었다.

"에펠 씨, 정말 축하해요."

에펠은 빙긋 웃으며 루나의 머리를 쓰다듬었다.

"오늘을 위해 만든 탑이니까, 오늘 꼭 선보여야 해."
 에펠은 결심한 듯 입장 안내원에게 손짓했고, 안내원은 사람들에게 외쳤다.
 "이제 입장하겠습니다!"

현준과 아키가 루나를 향해 달려갔다.

"루나, 잠깐만! 같이 가!"

다들 이렇게 높은 철탑은 처음이었다. 게다가 안팎이 모두 내다보이니 무서울 수밖에. 하지만 그게 에펠탑의 매력이기도 했다.

"우리가 먼저 올라가기 시작하면 사람들도 용기를 낼 거야."

그렇게 아이들은 에펠탑을 오르기 시작했다. 발을 맞춰서, 씩씩하게!

아이들이 계단을 오르기 시작한 후, 줄을 서 있던 관람객들도 따라서 에펠탑을 오르기 시작했다.

"이번 박람회는 이런 재미가 다 있군!"

"처음에는 괴상하게 생긴 탑이라고 생각해서 싫었는데 말이야. 볼수록 괜찮은 것 같기도 하고……."

세계에서 가장 높은 탑을 오른다는 기대감이 관람객들의 마음에 차올랐다. 사람들은 에펠탑에 대해 이런저런 칭찬을 늘어놓으며 에펠탑을 올랐다.

아키에게는 1층까지만 갈 수 있다는 말이 구원처럼 느껴졌다. 루나는 3층까지 못 가서 아쉬워했지만.

곧 1층 전망대에 도착한 아이들은 눈앞에 펼쳐진 광경에 입을 쩍 벌렸다.

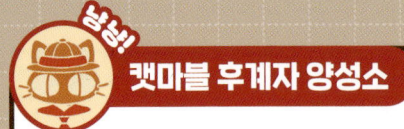

기술과 건축의 축제, 세계 박람회

오늘의 비밀 수업

당시 세계 박람회는 국력을 자랑하는 행사이기도 했어.

후후, 에펠탑 정도면 자랑할 만하지!

캣마블 비밀 꿀팁

새로운 시대의 세계 박람회

▲ 파리 세계 박람회 홍보물

19세기 중반, 유럽에서는 '만국 박람회(세계 박람회)'라는 새로운 행사가 시작되었어. 세계 박람회는 세계 각국이 한곳에 모여 자국의 기술, 예술, 문화를 소개하는 축제야. 첫 번째 세계 박람회는 1851년 영국 런던에서 열렸어. 박람회장은 단순한 전시 공간이 아니라, 새로운 시대를 선보이는 무대가 되었지.

발명품이 한자리에!

세계 박람회는 기술의 발전을 한눈에 볼 수 있는 자리였어.

연도	국가와 도시	기술과 발명품
1851년	영국 런던	증기 기관·증기 기관차
1876년	미국 필라델피아	전화기
1878년	프랑스 파리	전기 가로등, 축음기
1889년	프랑스 파리	에펠탑, 전기 조명, 자동차
1904년	미국 세인트루이스	비행기 경연과 시범 비행
1939년	미국 뉴욕	TV, 나일론, 플라스틱, 녹음기

건축의 실험실

　세계 박람회는 건축가들에게도 새로운 도전의 무대였어. 행사가 끝나면 건물을 철거했기 때문에 오히려 기존의 방식과 다른 실험적인 건축이 가능했거든.

　1851년에 선보인 런던의 수정궁은 철과 유리만으로 만든 거대한 전시관이었고, 많은 건축가들은 그 모습에 놀랐어. 이어서 프랑스도 파리 박람회를 통해 이전까지는 볼 수 없었던 철탑, 에펠탑을 선보였지. 에펠탑은 모두를 놀라게 하며, '미래의 건축'이라는 찬사를 받았어.

▲ 1851년, 런던의 수정궁

 **아키의 노트 필기**

　세계 박람회는 새로운 발명품과 건축 기술을 소개하는 커다란 축제였다. 에펠탑도 이 박람회를 위해 만들어졌고, 사람들은 에펠탑에 놀라며 '미래의 건축'이라는 찬사를 보냈다.

루나는 파리 전경을 내려다보며 뺨을 간질이는 바람을 느꼈다. 풍경에 작은 점처럼 보이는 사람들의 모습이 신기했다.

"다들 똑같이 작은 점 같아……. 더 높이 올라가 볼 수 있으면 좋을 텐데."

루나가 아쉬워하자 현준은 설명을 덧붙였다.

"아마 2층부터는 엘리베이터가 운행해야 올라갈 수 있을 거

야. 그리고 3층까지 가 볼 수 있는 건 특별히 초대받은 사람들 정도일걸."

"흥. 치사하다."

아키가 입을 삐죽대자 루나는 가볍게 웃으며 어깨를 으쓱했다.

"헤헤, 나 같은 사람이 이렇게 높이 올라온 것만으로도 엄청난 일이긴 해."

　루나는 폴을 보고 반가워하며 달려가 손을 맞잡았다.
　"오빠! 에펠탑, 정말 대단하다. 이렇게 높이 올라와 볼 수 있다니. 이 공사에 오빠가 참여했다는 거지?"
　"그럼! 2년 넘게 에펠탑을 오르락내리락했는걸."
　폴은 어쩐지 감격스러웠다. 지금까지 높은 곳은 왕이나 귀족, 부자처럼 권력을 가진 사람들의 공간이었다.
　하지만 이제 5프랑만 있으면 모든 사람들이 에펠탑을 올라 평등하게 이 높은 곳을 누릴 수 있게 되었다. 공사를 할 때는 몰랐지만, 완공된 에펠탑에 오르고 보니 에펠탑의 의미가 폴에게 새롭게 다가왔다.

잠시 후 전망대에서 내려오는 아이들의 두 눈이 동그래졌다. 에펠탑을 오르기 위해 줄 선 사람들로 계단이 꽉 차 있었다.

"오! 아직도 올라가려는 사람이 많네."

아키가 놀라자, 현준이 웃으며 거들었다.

"생각보다 더 인기가 좋아!"

걱정한 것 치고는 아주 멋진 탑이군요.

놀라운 기술이네요. 꼭 올라가 봐요.

여기저기서 에펠탑을 향한 칭찬이 들려왔다. 세계 박람회에 방문한 사람들의 관심은 에펠탑에 쏠리고 있었다.

얼마 전만 해도 '비극적인 가로등', '종탑의 뼈대'라고 놀림을 받던 에펠탑이 이렇게 칭찬을 듣다니.

루나는 뿌듯한 얼굴로 말했다.

"이번 박람회의 주인공은 에펠탑이 확실해."

그때 땅이 흔들렸다.

현준은 주변을 잔뜩 경계하기 시작했다. 예감이 좋지 않았다.

"확실히 좋은 건 아닌 것 같아."

"으악! 나, 주사위랑 진짜 안 맞아!"

아키도 불안한지 괜히 큰소리를 쳤다.

루나는 썰렁함을 느끼고 몸을 부르르 떨었다.

"뭔가 바람이 썰렁하지 않아? 진짜 유령이 나타나는 건가?"

그때, 아이들이 서 있던 공간이 한순간에 바뀌었다.

갑작스러운 백작의 등장에 아이들은 넋을 놓았다. 그러자 백작이 소리를 꽥 질렀다.
"어서 내 앞에 무릎을 꿇어라!"
그제야 현준은 백작을 살폈다.
"애들아, 저 사람 투명해……. 진짜 유령인가 봐."
아이들의 얼굴이 하얗게 질렸다.

아이들은 몸을 겨우 움직여 무릎을 꿇었다. 백작 유령은 그 모습이 마음에 들었는지 미소를 지어 보였다.

"너희에게 에펠탑과 관련된 퀴즈 하나를 내지. 대신 너희 중 단 한 명에게만 기회를 줄 것이다."

현준은 이집트에서 만난 스핑크스를 떠올렸다.

"스핑크스 같은 존재인가……."

현준이 중얼거리던 그때!

현준과 루나는 이미 깊은 잠에 빠진 뒤였다. 백작 유령은 목을 가다듬고 말을 이었다.

"에헴! 이제 퀴즈를 내겠다. 풀지 못하면 네 친구들은 영원히 잠에서 깨어나지 못할 것이다!"

아키는 눈물이 그렁그렁해져서 유령을 휙 째려보았다.

유령은 그런 아키를 보고 어깨를 으쓱하며 말했다.

"친구들을 꽤나 아끼나 보지?"

유령은 정신을 차리고 퀴즈를 냈다.

"자, 에펠탑은 세계 박람회를 위해 세워진 것으로, 20년 뒤에 철거될 예정이었어. 하지만 20년 뒤 철거되지 않고 대대손손 프랑스의 랜드마크로 자리를 지켰지. 왜 그랬을까?"

아키는 머리를 긁적였다. 이렇게 오롯이 혼자서 퀴즈를 풀어 본 적은 없었다. 게임에 얽힌 수수께끼를 푸는 건 항상 현준의 몫이었고, 어려운 순간에는 늘 친구의 도움을 받았다. 이집트에서는 다리아가, 이곳 파리에서는 루나가 있었으니까. 반면 아키는 주로 현준과 친구를 따라가는 쪽이었다.

곧 아키는 고민을 털어 내듯이 고개를 휘휘 저었다.

"흥! 내 덕에 무인도를 탈출했었지. 나도 할 수 있다고!"

아키는 초조해졌다. 머릿속을 털어서 떠오르는 건 다 말했는데, 전부 오답이라니. 대체 왜 에펠탑은 철거되지 않았을까? 아키는 쿨쿨 자고 있는 현준 쪽으로 시선을 돌렸다.

아키는 루나와 현준이 마차에서 내린 뒤 나눈 대화를 떠올렸다. 그리고 갑자기 뭔가 생각난 듯 두 눈을 번쩍 떴다.

"맞다! 나중에 안테나가 추가로 설치됐다고 했었지!"

"흥, 나름 어려운 퀴즈를 냈는데 맞히다니!"

백작 유령은 아쉽다는 듯 입맛을 다셨고, 아키는 폴짝폴짝 뛰며 기뻐했다. 머리가 나쁘다는 말에 자존심이 상한 참이었는데, 제대로 만회한 기분이었다.

"나도 얼마든지 할 수 있다고!"

이윽고 유령은 안개에 휩싸이며 사라졌고, 주변은 다시 에펠탑 앞으로 바뀌어 있었다.

어느덧 밤이었다.

"나의 활약을 너희가 봤어야 하는 건데, 쳇!"

그렇게 아키는 한참을 더 으스댔다. 아키 덕분에 몬스터 칸을 무사히 건넜기 때문에, 루나와 현준은 아키의 장단에 맞춰 아키를 한껏 치켜세워 주었다.

그리고 곧 바닥이 흔들리며 게임판이 등장했다.

이번에는 루나가 주사위를 던졌고, '3'이 나왔다.

"드디어 탐험 카드 칸이야!"

현준은 기뻐하며 세 칸을 움직였다.

"아마 이번 미션이 마지막이 되겠지?"

아이들은 마지막 탐험 카드를 살펴보았다.

탐험 카드 문구를 읽은 루나는 고개를 갸웃했다.

"에펠의 방이라면, 우리가 갔던 작업실을 말하는 건가?"

현준은 뭔가를 안다는 듯 고개를 저었다.

"에펠의 방은 에펠탑 3층에 있는 '비밀의 방'을 말하는 거야."

"비밀의 방이 있어? 멋지다!"

아키는 눈을 반짝이며 감탄했다.

하지만 3층 전망대에 있는 비밀의 방에는 아무나 들어갈 수 없었다. 높은 관료나 성공한 사업가, 에디슨 같은 유명 인사만이 에펠의 초대를 받아 입장한 것으로 알려져 있었으니까.

아키는 망연자실해서 자리에 주저앉으며 소리쳤다.

"으악! 여기까지 어떻게 올라왔는데, 잠겨 있으면 어떡해! 여기만 들어가면 게임 끝인데."

"흠, 날이 밝고 에펠 씨가 오면, 그때 부탁해 볼까?"

루나의 제안에 현준도 어쩔 수 없다는 듯 고개를 끄덕였다.

그런데 그때, 계단 밑에서 인기척이 났다.

"너는 에펠탑 건설 반대 시위를 하던 아이가 아니냐."

경비 아저씨는 루나를 빤히 보더니 알은체했다.

예전에 루나는 직접 시위에 나간 적이 있었다. 하필이면 경비 아저씨가 그때 본 루나의 얼굴을 기억하고 있었다.

당황한 것도 잠시, 루나는 빠르게 변명을 했다.

"그때는 제가 뭘 몰랐고요. 이제는 에펠탑을 사랑해요! 믿어 주세요!"

"너희가 나서서 계단을 먼저 오른 덕에 다른 관람객들도 용기를 얻은 것 같더구나. 고맙다, 얘들아."

에펠은 인자하게 웃으며 아이들에게 감사 인사를 전했다.

그래, 지금이야!

분위기를 살피던 현준이 용기를 냈다.

"저, 에펠 씨의 비밀의 방을 보고 싶어요!"

간절하게 말하는 현준을 보며 루나와 아키도 덩달아 긴장했다. 하지만 긴장한 것이 무색하게 에펠은 미소를 지었다.

"너희는 에펠탑의 은인이니까 비밀의 방에 초대하마."

에펠이 방을 둘러보며 감격에 겨운 미소를 지었다.

"내 이름을 딴 이 탑에 나만의 공간을 꼭 만들고 싶었단다."

"정말 멋진 공간이에요. 이 방도, 에펠탑도."

루나도 미소를 지으며 따뜻한 차를 한 모금 마셨다.

"아까 들었는데, 루나는 에펠탑 건설 반대 시위를 했다고?"

루나는 당황했지만, 에펠의 얼굴에 실망한 기색은 없었다. 오히려 에펠은 루나를 놀리는 듯 장난기 가득한 표정이었다. 루나는 긴장을 풀었다.

에펠은 찻잔을 내려놓고 일어나며 힘차게 말했다.

"자, 여기까지 올라오는 건 흔치 않은 일이니, 나가서 마저 풍경을 감상해 볼까? 오늘은 달빛이 아주 환하더구나."

"좋아요!"

아이들은 다시 전망대로 향했다.

현준은 루나의 옆모습을 한참 바라보다가 말했다.

"루나, 고마워! 덕분에 무사히 게임을 마칠 수 있을 거 같아."

"뭐? 그게 무슨 소리야?"

루나가 고개를 갸웃하자, 아키는 혀를 찼다.

"무시해, 루나. 집사는 말을 수수께끼처럼 할 때가 많아."

"뭐라고? 이 녀석이!"

현준과 아키가 티격태격하자 루나가 깔깔 웃었다.

파리의 가장 높은 곳에서 루나의 웃음소리가 울려 퍼졌다.

아키는 주사위를 들고 자신 있게 소리쳤다.

"이제 세 칸만 더 가면 끝이야! 내가 던질게."

이윽고 아키가 던진 주사위가 바닥에 떨어지며 '3'을 가리켰고, 아이들은 무사히 도착 칸에 다다랐다.

"이제 다 끝난 거지? 너희는 살던 곳으로 돌아가는 거야?"

루나는 아쉬움이 가득한 목소리로 아키와 현준에게 물었다.

현준은 고개를 끄덕였다.

"맞아. 그리고 이 작은 에펠탑은 선물이야."

에펠탑이 철거될 뻔했다고?

오늘의 비밀 수업

캣마블 비밀 꿀팁

임시로 세운 탑

에펠탑은 1889년 파리 세계 박람회를 위해 임시로 지어진 건축물이었어. 탑을 설계하고 건설한 에펠은 공사에 사비를 쓰는 대신 20년 동안 에펠탑에서 나오는 수익을 갖기로 파리시와 계약했지. 그리고 1909년이 되자, 파리시는 약속대로 에펠탑을 철거하려고 했어. 하지만 에펠은 에펠탑을 포기하지 않았어. 그는 에펠탑 꼭대기에서 바람의 세기와 방향을 측정하는 공기 역학 실험을 꾸준히 이어 갔고, 에펠탑이 단순한 전시물이 아니라 과학 연구의 장이라는 점을 강조했지.

안테나 덕분에 살아남다

마침 1900년대 초에 무선 통신 기술이 발전하고 있었어. 라디오는 전파를 멀리 보내야 했기 때문에 높은 탑이 꼭 필요했지. 에펠탑은 파리 한복판에 세워진 가장 높은 건축물이었고, 라디오 송신소로 제격이었어.

1910년대에는 에펠탑 꼭대기에 설치된 장비를 군사 통신에 활용했고, 1920년대부터는 일반 시민을 위한 라디오 방송도 시작되었어. 1957년에는 텔레비전 안테나까지 설치되면서, 에펠탑은 첨단 통신 기술을 담은 탑이 됐지.

◀ 에펠탑 상단의 모습 ▶

에펠탑의 과거와 현재

1914년, 제1차 세계 대전이 벌어지면서 유럽 전역이 전쟁에 휩싸였어. 이때 프랑스군은 에펠탑 꼭대기에 무선 송신기를 설치했어. 탑의 높이 덕분에 멀리 있는 전파를 잡을 수 있었고, 독일군의 무선 신호를 감청해 그들의 작전을 미리 파악할 수 있었어. 이는 프랑스군의 작전을 유리하게 이끌며 중요한 전투를 승리하는 데 크게 기여했어. 에펠탑은 '전쟁을 이겨 낸 탑'으로 거듭났지.

이제는 매일 밤, 에펠탑에 조명이 켜지면서 황금빛 반짝임으로 파리의 밤하늘을 아름답게 수놓고 있어. 올림픽이나 독립기념일처럼 특별한 날에는 레이저 쇼가 펼쳐지기도 하지.

아키의 노트 필기

에펠탑은 원래 임시로 세워졌지만, 과학 실험과 안테나 덕분에 살아남았다. 오늘날 에펠탑은 매일 밤 황금빛 반짝임으로 하늘을 아름답게 수놓고 있다.

에필로그 **드디어 만나다!**

현준은 으스대는 아키를 보며 고개를 절레절레 저었다.

이번 게임은 전보다 조금 수월했던 것 같지만, 아직도 모르는 것투성이었다. 별안간 랜드마크는 왜 위험해지며, 랜드마크가 위험하다는 사실은 누가 어떻게 아는 건지.

현준은 아키를 앉혀 놓고 진지하게 말했다.

"무사히 게임을 마치긴 했지만, 우리한테는 정보가 필요해. 캣마블의 리더……, 그러니까 너희 엄마 좀 같이 만나자."

비장한 현준을 보며 덩달아 진지해진 아키가 고개를 끄덕였다.

아키는 어깨를 으쓱했다.

"눌러 봐. 나도 집사 전용 입구는 처음이라 어떻게 되는지 잘 몰라."

잔뜩 긴장한 현준이 침을 꼴깍 삼켰다.

드디어 캣마블의 정체를 알 수 있어!

현준은 조심스레 버튼을 눌렀다. 그러자 요란한 소리와 함께 바닥에서 진동이 느껴졌다.

"고양이가…… 많네."

현준이 얼떨떨하게 감상을 내놓자, 요원이 웃었다.

"하하, 모두 캣마블 요원들입니다. 오신다는 연락을 받고 어제 오랜만에 대청소를 했지 뭐예요. 자, 이쪽으로."

"엄마는 어디 계셔?"

둘러보던 아키의 질문에 요원이 호야의 방을 가리켰다.

"호야 님은 최근에 파리 여행을 가셨다가, 아키 님이 방문한다는 소식을 듣고 어제 막 돌아오셨어요. 방에서 기다리고 계세요."

아키는 '파리 여행'이라는 말에 골이 나서 입을 삐죽댔다.

"누구는 파리에서 털 빠져라 에펠탑 지키고 왔는데……."

"마블링에 문제가 생기면 이 냥구슬을 통해 상황을 알게 되고, 캣마블의 리더가 나서서 랜드마블 게임을 합니다. 그렇게 랜드마크의 가치를 되새겨서 마블링을 되돌려 놓는 거예요."

설명을 이어 가던 호야의 표정이 어두워졌다.

"그런데 요즘 부쩍 자주 마블링이 깨지면서 랜드마크가 위험에 빠지고 있어요."

호야의 설명에 현준이 놀라서 물었다.

"왜 그런 거죠?"

랜드마블 퀴즈

1. 아래 문장을 보고 맞으면 O, 틀리면 X로 표시해 보자.

① 에펠탑은 파리 사람들에게 처음부터 환영받았다. (O / X)

② 귀스타브 에펠은 철의 가능성을 보여 준 건축가였다. (O / X)

③ 에펠탑은 원래 영구적으로 세우기 위해 만든 건축물이다. (O / X)

④ 높이가 300미터가 넘는 에펠탑은 지어질 당시 세계에서 가장 높은 철탑이었다. (O / X)

⑤ 에펠탑은 제1차 세계 대전에서 프랑스군이 중요한 전투를 승리로 이끄는 데 도움을 주었다. (O / X)

2. 아래 문장에서 빈칸에 들어갈 알맞은 단어를 채워 넣어 보자.

① 에펠탑을 설계하고 지은 사람은 귀스타브 🐾🐾 이다.

② 에펠탑은 나사 대신에 🐾🐾 을 사용해 철을 고정했다.

③ 에펠탑은 원래 파리에서 열리는 🐾🐾 🐾🐾🐾🐾 를 위해 세워졌다.

답이 뭘까?

3. 에펠탑은 원래 몇 년 동안 세워 두기로 했을까?

① 10년   ② 20년   ③ 30년   ④ 100년

4. 에펠은 에펠탑 꼭대기에 특별한 공간을 마련해서 유명 인사를 초대하곤 했다. 그곳을 뭐라고 불렀을까?

① 고양이 방   ② 비밀 도서관   ③ 에펠의 식당   ④ 에펠의 방

5. 다음 상황처럼 어떤 아이디어가 번뜩 떠오를 때 쓸 수 있는 표현은 무엇일까?

① 오레오!
② 유레타!
③ 유레카!
④ 유전자!

BONUS 나만의 에펠탑을 그려 보자!

숨은 낱말 찾기

프랑스 에펠탑과 관련된 낱말들이 가로, 세로, 대각선으로 뒤섞여 있어. 아래 설명에 해당하는 낱말을 찾아 퍼즐 속에 동그라미 쳐 보자.

프	리	설	렘	유	령
에	랑	벳	계	하	노
펠	탑	스	란	우	비
수	정	궁	아	스	안
백	작	파	키	만	테
박	람	회	리	두	나

1. 에펠탑이 세워진 프랑스의 수도로, '빛의 도시'라고 불린다.
2. 첫 번째 세계 박람회 때 런던에 세워진 전시관으로, 유리와 철로 만든 거대한 전시관.
3. 에펠탑 꼭대기에 설치되어 무선 통신과 라디오 방송을 가능하게 한 장치.
4. 파리의 도시 계획을 주도한 남작. 이 사람의 계획 아래 1850년대 후반에서 1870년경 석조 건물들이 지어졌다.
5. 에펠탑의 재료가 된 철을 단단히 이어 붙이기 위해 불에 달궈 박아 넣은 금속 못.

다른 그림 찾기

현준과 아키, 루나가 파리에서 열린 세계 박람회를 구경하고 있어.
아래 두 그림을 비교해서 다른 부분 다섯 곳을 찾아 동그라미 쳐 보자.

프랑스 France

프랑스는 유럽 서쪽에 있는 나라로, 예전에는 왕과 귀족이 다스리던 강력한 나라였어. 수도 파리에는 에펠탑과 루브르 박물관, 개선문 같은 유명한 건축물이 있지. 프랑스는 예술과 패션, 요리로도 세계적인 사랑을 받으며, 유럽을 대표하는 나라 중 하나야.

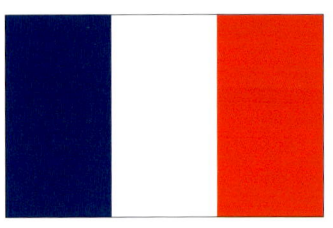

수도 파리

언어 프랑스어

종교 가톨릭, 신교, 유대교, 이슬람교

화폐 단위 유로(EUR, €)
  1유로 = 약 1,500~1,600원대

국기 의미 프랑스 국기에서 파랑은 자유, 흰색은 평등, 빨강은 박애를 뜻한다. 자유, 평등, 박애, 세 가지 가치는 프랑스 혁명 때부터 이어져 온 프랑스의 중요한 정신이다.

인구 약 6,800만 명

면적 약 67만 제곱킬로미터 (속령 포함, 세계 48위)

*2025년 10월 기준

꼭 말해 보자!

Bonjour.
봉주르
안녕하세요.
(낮 인사)

Bonsoir.
봉수와르
안녕하세요.
(저녁 인사)

Bonne nuit.
본느 뉘
잘 자요.
(밤 인사)

Merci.
메르시
고맙습니다.

Pardon.
빠르동
죄송합니다.

봉주르!

메르시!

꼭 먹어 보자!

에스카르고(Escargot)

프랑스에서 즐겨 먹는 달팽이 요리로, 프랑스를 대표하는 특별한 음식 중 하나다. 달팽이에 버터와 마늘, 허브를 넣고 오븐에 구워서 만든다. 쫄깃한 식감이 별미다.

프랑스에서는 달팽이도 먹는구나!

꼭 가 보자!

루브르 박물관

루브르 박물관은 원래 프랑스 왕궁으로 쓰이다가, 지금은 세계에서 가장 큰 박물관이 되었어. 건물 자체가 여러 시대에 걸쳐 증축되었기 때문에 중세 요새의 흔적부터 화려한 궁전 양식까지 볼 수 있지. 정문 앞에는 유리로 만든 피라미드가 세워져 있는데, 옛 건물과 현대 건축이 조화를 이루는 대표적인 사례로 꼽혀. 박물관에는 30만 점이 넘는 유물이 있는데, '모나리자'와 '밀로의 비너스'가 가장 유명해. 단순히 전시품만 보는 게 아니라, 건축의 역사도 함께 느낄 수 있는 곳이기 때문에 매년 수백만 명의 관광객들이 이곳을 찾아. 그 덕분에 루브르 박물관은 에펠탑과 함께 파리를 대표하는 랜드마크로 자리 잡았지.

오르세 미술관

오르세 미술관은 원래 기차역으로 사용되던 건물을 개조한 곳이야. 외관에 웅장한 철골 구조와 커다란 시계탑이 남아 있고, 내부는 넓은 전시 공간으로 다시 꾸며졌지. 19세기 말과 20세기 초의 인상파 작품들을 주로 소장하고 있어. 옛 산업 건축을 문화 공간으로 바꾼 성공적인 사례야.

개선문

개선문은 나폴레옹이 전쟁에서 승리한 군인들을 기리기 위해 만든 기념물이야. 높이가 약 50미터나 되는 석조 건축물로, 네 개의 기둥에는 전쟁의 장면을 새긴 부조가 정교하게 장식되어 있어. 아치형 구조는 고대 로마의 개선문에서 영향을 받은 거야. 꼭대기에 올라가면 파리의 중심가 샹젤리제 거리를 한눈에 볼 수 있지.

노트르담 대성당

노트르담 대성당은 프랑스 고딕 양식의 대표 건축물이야. 뾰족한 아치, 높이 솟은 첨탑, 그리고 화려한 스테인드글라스 장식이 특징이지. 성당 정면에 있는 괴물 모양의 가고일 조각들은 빗물을 빼내는 역할을 하면서도 독특한 분위기를 더하고 있어. 노트르담 대성당은 오랫동안 파리 시민들의 신앙과 삶의 중심이 되어 온 곳이기도 해.

베르사유 궁전

베르사유 궁전은 태양왕 루이 14세가 권력을 과시하기 위해 지은 화려한 궁전이야. 대리석과 금빛 장식으로 꾸며진 '거울의 방'이 특히 유명하고, 끝없이 펼쳐진 정원은 궁전만큼이나 웅장해. 정원은 프랑스식 정원의 대표적인 예로, 대칭과 질서가 강조되어 있어. 베르사유 궁전은 단순한 궁전이 아니라, 프랑스 절대 왕정의 상징이기도 하지.

 **현준의 탐험 일기**

아키가 산 물건인 줄 알고 열었던 택배 상자에 랜드마블 게임판과 주사위가 들어 있었어. 그런 줄도 모르고 상자를 뒤집는 바람에 주사위가 튀어나와서 준비되지 않은 상태로 또 게임이 시작되고 말았지.

1 탐험 목표

아키가 강물 냄새를 맡아서 따라가 보니, 1607년에 파리 센강 위에 세워진 퐁네프 다리가 있었어. 우리는 이곳이 프랑스 파리라는 걸 알게 됐어. 덕분에 이번 게임에서 지켜야 할 랜드마크가 에펠탑이라는 사실도 분명해졌어!

2 탐험 과정

에펠탑 건설 반대 시위를 하는 사람들을 설득하고, 안전한 공사를 위해 애쓰고 나니 에펠탑이 무사히 완성되었어. 다행히 파리에서 열린 세계 박람회에서 에펠탑은 큰 인기를 끌었지. 중간에 무인도에 갇히고, 무서운 유령을 만나기도 했지만, 아키, 루나와 함께 모든 걸 이겨 내고 에펠탑에 올랐을 때, 그 뿌듯함은 평생 잊을 수 없을 거야.

3 느낀 점

처음에 사람들은 에펠탑을 흉물이라고 욕했지만, 이제 에펠탑은 프랑스의 상징이 되었어. 이번 게임을 통해 건축이 사람들의 마음을 뒤바꾸는 과정을 직접 볼 수 있었어. 기술과 예술이 함께한 건축은 결국 사람들에게 감동을 준다는 걸 깨달았지.

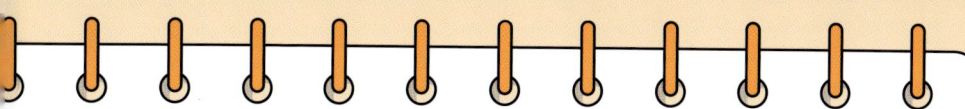

 탐험 스케치

• 이미지 출처
위키피디아 (47, 64, 65, 106, 107, 133쪽)
게티이미지코리아 (26, 27, 65, 83, 133, 146~149쪽)

기획 유현준 | 글 강지혜 | 그림 불곰

1판 1쇄 인쇄 2025년 10월 13일
1판 1쇄 발행 2025년 10월 29일

펴낸이 김영곤
프로젝트3팀 팀장 이장건 **책임개발** 박예진
영업팀 정지은 한충희 장철용 남정호 강경남 김도연 황성진 이민재
외주편집 권유정 **디자인** 박숙희
제작팀 이영민 권경민

펴낸곳 ㈜북이십일 아울북
출판등록 2000년 5월 6일 제406-2003-061호
주소 (10881) 경기도 파주시 회동길 201(문발동)
대표전화 031-955-2100 **팩스** 031-955-2177 **홈페이지** www.book21.com

ⓒ 2025 유현준 · 강지혜 · 불곰

ISBN 979-11-7357-217-3 74900
ISBN 979-11-7357-215-9 74900 (세트)

책값은 뒤표지에 있습니다.
이 책 내용의 일부 또는 전부를 재사용하려면 반드시 ㈜북이십일의 동의를 얻어야 합니다.
잘못 만들어진 책은 구입하신 서점에서 교환해드립니다.

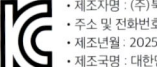

• 제조자명 : ㈜북이십일
• 주소 및 전화번호 : 경기도 파주시 문발동 회동길 201(문발동) / 031-955-2100
• 제조년월 : 2025.10
• 제조국명 : 대한민국
• 사용연령 : 3세 이상 어린이 제품

다양한 SNS 채널에서 아울북과 을파소의 더 많은 이야기를 만나세요.

＊캣마블 레벨 업! 정답

142~143쪽

1. ① X ② O ③ X ④ O ⑤ O

2. ① 에펠 ② 리벳 ③ 세계(만국) 박람회

3. ②   4. ④   5. ③

144쪽

프	리	설	렘	유	령
에	랑	벳	계	하	노
펠	탑	스	란	우	비
수	정	궁	아	스	안
백	작	파	키	만	테
박	람	회	리	두	나

145쪽

＊랜드마블 게임 규칙 ＊

① 랜드마크를 보호하는 마블링에 문제가 생기면, 캣마블 리더 또는 후계자가 인간 집사와 함께 게임을 진행한다.
② 주사위를 던지면 게임이 시작되고, 랜드마크가 지어질 당시의 그 지역으로 이동한다.
③ 게임을 진행하며 탐험 카드의 미션을 수행하고, 모든 보상을 얻은 뒤에 반환점을 통과하면 게임은 끝이 난다.

게임 팁

 탐험 카드 칸.
탐험 카드를 얻을 수 있다.

 이동한 시공간에 따라 다른 존재가 등장하며, 역할이 서로 다를 수 있다.

 몬스터 칸.
위험에 빠질 수 있으니 주의할 것!

주의

① 게임을 시작한 인간 집사는 아이의 모습으로 바뀐다.
② 이동한 시공간에서 처음 만난 현지 캐릭터와 함께 게임을 한다.

현준와 아키의
비밀 책방에 온 것을 환영합니다!

『물리박사 김상욱의 수상한 연구실』

우리 곁에서 살아 숨 쉬는 장난꾸러기 물리 이데아들을 잡으며 물리와 사랑에 빠지자!

아키의 추천

건축엔 엄청나게 많은 과학 원리가 숨어 있지. 겁먹지 말고 이 책을 펼쳐 봐.

책 보러 가기

『어쩔뚱땡! 고구마머리TV』

고구마머리 탐험대와 함께 상상의 나래를 펼치며 재미있는 과학 지식을 배우고 스스로 생각하는 힘을 기르자!

현준의 추천

고구마머리도 우리처럼 흥미진진한 모험 중이라고~!

책 보러 가기